DISCOURS DE CHARITÉ

PRONONCÉ A SAINT-PHILIPPE-DU-ROULE

EN FAVEUR DES

ORPHELINS DE LA GUERRE

DU DÉPARTEMENT D'EURE-ET-LOIR

PAR

LE R. P. CONSTANT

De l'ordre des frères prêcheurs

LE 28 AVRIL 1872.

« *Charissimi propter patres.* »
Nous les aimons à cause de leurs pères.
(En Saint Paul.)

PARIS
EXTRAIT DE L'ENSEIGNEMENT CATHOLIQUE
—
1872

DISCOURS DE CHARITÉ

PRONONCÉ A SAINT PHILIPPE-DU-ROULE

EN FAVEUR DES

ORPHELINS DE LA GUERRE

du département d'Eure-et-Loire.

Par le R. P. CONSTANT, de l'ordre des frères prêcheurs,

LE 28 AVRIL 1872.

> « *Charissimi propter patres.* »
> Nous les aimons à cause de leurs pères
> (En Saint Paul.)

Monseigneur, mes Frères,

Cent cinquante orphelins me choisissent aujourd'hui pour interprète et me chargent de faire appel, en leur faveur, à votre compassion et à votre charité.

Ce titre d'orphelins indique une des extrêmes détresses de ce monde ; il suffirait seul à intéresser vos cœurs.

Mais ceux dont je plaide la cause ne sont pas des orphelins ordinaires, ce sont les fils des victimes de nos guerres. Ce sont les enfants des héros d'Epernon, de Trancrainville, de Civry, de Varize, de Châteaudun.

Ce n'est pas non plus à des mandataires ordinaires que la charité a confié les urnes où elle veut recueillir vos dons. Elle est allée les choisir aux sommets les plus élevés de ce monde, et jusque dans le plus beau sang d'un pays (1) si riche en races glorieuses.

Les représentants de la terre désolée qui a porté leurs berceaux se sont faits aussi les représentants de cette charité (2).

Le premier magistrat accordé par la Providence à un pays en ruines, la noble compagne de sa vie qui l'est aussi de son intelligence et de son cœur, ont déployé dans cette œuvre un zèle qu'on ne saurait trop louer (3).

---

(1) Madame la duchesse de Chartres a bien voulu quêter pour l'œuvre.
(2) Messieurs les députés d'Eure-et-Loire.
(3) M. le baron Le Guay, préfet d'Eure-et-Loire et madame la baronne Le Guay, présidente de l'œuvre.

Un vénérable prélat (1) a quitté des ouailles qu'il chérit et dont il recueille tout l'amour. Il ajoute les fatigues d'un voyage à celles, si courageuses et si fécondes, d'un long et laborieux épiscopat. Il vient lui-même vous présenter ses fils. Il me semble les voir tous, autour de lui, présents dans cette enceinte.

Oui, Monseigneur, ils sont là, ces enfants. Les orphelins ont toujours été le plus beau cortége des évêques de France, depuis les Hilaire et les Martin et les Germain et les Césaire, et tant d'autres qui furent les Pères en Jésus-Christ de notre belle et glorieuse patrie.

Vous n'avez pas failli, Monseigneur, à ces nobles traditions de l'épiscopat français. On peut dire, Monseigneur, que nul, mieux que vous, ne les a continuées et représentées.

Nous ne détacherons donc pas nos regards de ces têtes si intéressantes, de ces pures et douces victimes. Nous le ferons d'autant moins que sur leurs fronts je vois écrits trois noms qui sont tous leurs titres à notre amour : le nom de leurs pères, le nom de la France et le nom de Dieu.

Je tâcherai d'expliquer le sens de ces trois grands noms, et quand je l'aurai fait, il me semble, M. F., que j'aurai recommandé ceux qui les portent à toutes les tendresses et à tout les dévouements de vos cœurs.

Je l'essaierai avec l'aide de Dieu, premier père des orphelins, avec la protection de Marie, consolatrice de tous les affligés et consolatrice plus spéciale de ceux-ci, puisqu'ils sont nés sur une terre qui lui est si singulièrement consacrée. — Invoquons Notre-Dame de Chartres.

I.

Nous secourrons ces enfants à cause de leurs pères ; à cause de leurs pères qui sont morts pour nous.

Qu'est-ce donc que ce fléau fatal qui dévore si impitoyablement de si utiles, de si précieuses vies ? Qu'est-ce que la guerre ?

« *La guerre*, a dit le Père Lacordaire, *est l'acte d'un peuple qui résiste à l'injustice au prix de son sang.* »

La guerre n'est donc pas l'œuvre d'un souverain ; la guerre n'est pas l'œuvre d'une armée ; la guerre est l'œuvre d'un peuple.

C'est l'œuvre d'un peuple, parce que tout ce qu'il lui faut, tout ce qu'elle requiert et met en œuvre, ne se trouve que chez un peuple.

Car le sang n'est pas le seul *prix* de la guerre. Il en est d'autres que paieront ceux que n'atteindra pas le rigoureux tribut du sang. Celui qui ne donnera pas le sang donnera l'or : celui qui n'a pas d'or donnera la prière, meilleure que l'or. Un autre ajoutera la parole, un autre la science, un autre l'expérience, un autre l'indomptable énergie d'une

(1) **Monseigneur Regnault, évêque de Chartres.**

grande âme. — Que sais-je ? Il n'est pas jusqu'à la lyre qui ne puisse servir et jeter dans le cœur des guerriers d'irrésistibles enthousiasmes.

Mais il demeure que l'élément principal, que le grand enjeu de la guerre, c'est le sang.

C'est le sang, parce que le sang résume et exprime ce qu'il y a de plus précieux dans l'homme, et du côté de la terre et du côté du ciel.

Du côté de la terre, le sang représente la vie, la vie si précieuse, qu'il n'est pas d'amour plus fort que l'amour qui l'immole.

Du côté du ciel, le sang représente la prière ; c'est son expression la plus sublime. Vous savez quelle a été la plus haute prière de ce monde.

Elle s'est faite au Calvaire, et elle s'est faite dans le sang. Là, c'était le sang d'un Dieu.

Le sang de la guerre, c'est l'appoint que l'homme apporte. — C'est la part tout humaine de l'immense et universel sacrifice.

Les champs de bataille sont donc des autels !

Les champs de bataille sont donc des calvaires !

C'est là que l'humanité fait sa grande prière, la prière douloureuse de ses expiations.

La guerre, en effet, n'avait pas été placée par Dieu dans le plan premier de son œuvre. — C'est le crime qui l'a faite, et qui la mène à sa suite, pour châtier, au nom de la justice, toutes les iniquités qu'il accumule. Elle est et elle demeure le ministre terrible des vengeances. Elle lave, de siècle en siècle, les péchés des peuples dans leur sang. Le sang de l'homme, le sang des batailles, c'est donc tout ce qu'il y a de choisi, d'exquis, dans un monde soumis aux dures lois de la colère ; rien ne saurait dire ce qu'il vaut.

Mais si tout sang a cette valeur, que dire du sang des pères ? Ah ! c'est le sang le plus cher ! Ah ! le sang des pères, il ne représente pas seulement une vie, Dieu seul sait ce qu'il en représente et tous les germes qu'il en porte. — Et nous, nous le savons aussi. — Hélas ! la voix de ces enfants le dit assez haut.

Le sang des pères ! il n'exprime pas seulement une prière ordinaire. — C'est la plus éloquente des prières ! La plus éloquente parce qu'elle est la plus douloureuse. Car la douleur tient une place immense dans la prière du sacrifice ! La grande puissance de cette prière, celle qui désarme le ciel, c'est la souffrance acceptée de celui qui la fait.

Or, quelle est la mesure des souffrances de l'homme dans la mort ? C'est la mesure des amours qu'il immole.

Assurément, quand un jeune homme dit adieu à son père et à sa mère et va courir les hasards des champs de bataille, il brise les liens d'un profond et puissant amour. Mais l'amour dont il tranche les chers nœuds devait, un jour, être vaincu. C'était sa destinée, même sans la guerre. Un jour, il devait faire retraite devant un amour plus fort que lui. Dieu avait dit dès l'origine : L'homme laissera son père et sa mère. *Relinquet homo patrem et matrem.* Il est vrai que ce n'était pas pour aller livrer sa jeunesse au fer des batailles. Mais enfin, l'heure devait sonner où l'homme quitterait son père et sa mère. Un nouvel amour devait survenir qui romprait les liens du premier.

Mais, à son tour, ce second amour ne sera-t-il pas vaincu? N'aura-t-il pas aussi quelque jour à rendre les armes et à céder la terre? Non. De nouveaux amours naîtront, sans doute, et grandiront près de lui. Mais au lieu d'être ses ennemis, ils se feront ses alliés. Comme le sang des fils, en dérivant des sangs paternel et maternel, consacre et accroît cette unité de chair dont Dieu avait dit : *Ils seront deux dans une seule chair*, la tendresse du père et de la mère se replie, se resserre sur celle des époux, l'enlace de ces surgeons puissants et forme avec elle un réseau d'affections si compacte qu'aucun nouvel amour ne le devra plus rompre. L'amour de Dieu, lui-même, le plus puissant des amours, sur la terre comme au ciel, l'amour de Dieu n'a jamais enjoint à l'époux de quitter sa compagne, au père d'abandonner son fils au berceau. Il n'y a que la guerre. La guerre, ange vengeur, la guerre, chérubin au glaive flamboyant, la guerre dit un jour à un père : Tu vas laisser cette femme que tu aimes, que tu adores peut être. Tu vas quitter cet enfant qui fait la joie de tes yeux et l'ivresse de ta vie. Pose, bien vite, un baiser sur son front, et puis va, va à la hâte, va verser ton sang pour ton pays.

Ah! quand on mesure ce sacrifice, on voit qu'il n'en est pas de plus grand dans tous ceux dont l'homme peut offrir la douleur à Dieu. Oui, c'est là l'holocauste suprême!

L'antiquité ne s'y était pas trompée. Le premier chantre des guerres, le poète antique des batailles veut nous montrer un héros qui accomplit l'holocauste de la guerre dans toute sa plénitude. C'est le fils d'un roi. Il se rend dans la plaine, il part pour la mêlée; il prévoit qu'il n'en reviendra pas et que ce jour sera le dernier de sa vie. Or, à une des portes de la ville, Homère a conduit sa royale épouse et son fils, encore à la mamelle. Le héros les y rencontre. Il voit Andromaque, belle de sa jeunesse et plus belle encore de ses pleurs. Il voit les grâces et les sourires de son enfant. Ah! que se passait-il dans cette âme? Je ne le puis dire. Je sais seulement qu'il s'y livrait des combats mystérieux, des combats douloureux! On ne pleure pas sous un casque. Mais les larmes étaient là, amoncelées au cœur, comme les nuées d'un orage.

Et que fit alors le héros? A sa femme éplorée, il adressa quelques mots de consolation et d'adieu. Puis il prit son fils dans ses bras et le pressa tendrement sur son cœur. Croyez-vous que ce fut tout? A Dieu ne plaise!

Prévoyant l'issue funèbre de la journée, plein du pressentiment de sa mort, sachant que demain l'enfant qu'il embrassait n'aurait plus de père en ce monde, il le prit sur ses bras, non plus comme on prend un enfant qu'on embrasse (Homère a eu soin de décrire son attitude) il le

prit sur ses bras, comme sur un autel, et il l'offrit à Dieu. Il le conjura d'être son père. Et associant tous les Troyens, ses compagnons d'armes, à cette suprême et divine paternité. Qu'un jour, dit-il, ils le voient revenir des batailles, et qu'ils s'écrient en l'admirant : Il est encore plus vaillant que son père!

Ah! quand nos héros détachaient du foyer et posaient sur leur épaule, cette méchante arme, ce vieux fusil, héritage glorieux des victoires d'un autre âge, quand ils donnaient le baiser d'adieu à leurs fils au berceau, est-ce qu'une prière meilleure que celle du grand Troyen ne montait pas de leur âme? Est-ce qu'ils ne confiaient pas à un Père céleste, mieux connu, ceux qu'allaient bientôt rendre orphelins leur héroïsme et leur malheur? Est-ce qu'ils ne les ont pas légués, en même temps, à vos tendresses? Est-ce qu'ils ne vous associaient pas tous, à cette heure, à l'adoption et à la tendresse de Dieu?

Et puis, ils partaient, ces vaillants hommes, ils allaient à travers les bois, à travers les plaines, à travers les marais, dans la neige, dans le froid, dans la faim...

Un jour la balle de l'ennemi venait frapper leur mâle poitrine. A cet instant, quelle était leur pensée? Où volait le dernier essor de ce cœur, dont les généreux battements allaient si vite cesser? Ah! il était un nom qui coulait sur leurs lèvres mourantes, qui passait avec le sang de leurs blessures. C'était le nom de leur fils!

Il est raconté dans l'histoire de la Suisse, aux annales des premières guerres de l'indépendance, que les montagnards helvètes ne pouvaient entamer les chevaliers autrichiens. Ceux-ci avaient mis pied à terre et, plaçant leurs lances sur les épaules les uns des autres, ils en avaient fait une muraille de fer contre laquelle toute la valeur suisse venait se briser. Un citoyen d'Unterwald, Arnold de Winkelried, voyant que l'échec des siens continuait, ne craignant rien tant que la honte de son pays, se retourna vers ses compagnons: *Je vous recommande ma femme et mes enfants*, s'écria-t-il, *je vais vous faire un chemin, suivez-moi*.

Et, s'approchant de la phalange ennemie, il embrassa autant de piques qu'il en put saisir et les serra sur sa poitrine. Le chemin était ouvert; les Suisses y entrèrent : l'Autrichien fut en déroute.

Ce que disait le héros d'Unterwald, tous ces pères l'ont dit à l'heure glorieuse de leur mort. Quand la balle prussienne vint les frapper, ils nous ont dit à tous : *Je vous recommande ma femme et mes enfants*.

Vous n'oublierez pas cette recommandation. Vous ne serez pas sourds à ce vœu suprême et sacré. Vous ne mépriserez pas le sang des héros, le sang des pères!

Vous secourrez donc ces enfants à cause de leurs pères. Mais vous les aimerez, vous les secourrez aussi, à cause de la France.

II

Ici, permettez-moi de jeter un regard sur l'avenir; j'y suis obligé. Quel sera cet avenir? Ser -ce la pa Sera-ce la guerre?

Si je consultais mes désirs, la réponse ne serait pas douteuse. Je suis de l'armée des pacifiques.

Il y avait chez les premiers compagnons de saint François d'Assise un frère qu'on appelait le frère Pacifique. Nous sommes tous comme ce frère, nous autres moines : nous sommes des frères pacifiques.

Cependant ces désirs appelleraient-ils une paix indéfinie? Demanderaient-ils pour un présent douloureux le sceau plus douloureux d'un immuable avenir? Non. Dans mon cœur comme dans tous les vôtres, il reste un sentiment blessé qui ne prend pas si facilement son parti de nos humiliations. Non, en face des outrages infligés à la France, je ne serai jamais capable d'une stoïque résignation. Mais je laisse les désirs. Qu'importe, d'ailleurs, à la chose publique, le désir d'un moine?

Je laisse donc les désirs et je passe aux prévisions. Quel sera l'avenir? Assurément je ne veux pas me poser en interprète de pensées que j'ignore. Je sais que tout secret est vénérable, que tout secret est sacré. Mais, si les secrets ordinaires ont ce caractère, que dire du secret de ceux qui gouvernent? C'est pourquoi le sage a écrit : Il est bon de cacher le secret du prince : *Sacramentum regis abscondere bonum est.*

Je ne veux pas davantage usurper la prophétie, soulever des voiles trop pesants pour ma main, accroître le nombre inepte de ces voyants qui n'ont rien vu et qui prennent les délires de leur cœur pour les révélations du ciel.

Donc, je m'en tiens aux prévisions et je prends seul la responsabilité des miennes.

A un instant donné, instant qu'il faut souhaiter d'autant plus éloigné qu'il est plus inévitable, à un moment, dont la Providence possède seule le secret, les deux lutteurs se redresseront l'un contre l'autre et se prendront de nouveau corps à corps.

Que faudra-t-il alors à la patrie?

Ce qu'il lui faudra? Il lui faudra des hommes. C'est manifeste. Il les lui faudra nombreux. Il les lui faudra courageux.

Nombreux! le seront-ils? Je sais qu'elle ne manque pas encore de défenseurs. Mais sont-ils, mais seront-ils assez nombreux?

Je n'ai jamais revu le mot d'un Romain dans des circonstances semblables, sans l'appliquer, malgré moi, à l'état présent de mon pays.

Audiet pugnas vitio parentum rara juventus.

La jeunesse était rare, disait Horace, en ces temps mauvais, à cause des carnages des guerres. Ainsi en sera-t-il chez nous. Il y aura une certaine rareté de jeunesse, *vitio parentum*, faute de pères, fautes des pères qui sont morts; mort dans la plénitude de leur virilité, lorsqu'ils pouvaient donner encore à la patrie de nombreux enfants.

Mais la cause de cette rareté ne sera pas seulement le défaut des pères qui sont morts. Ah! permettez-moi de donner une autre traduction au texte profond du poète :

Vitio parentum, rara juventus; rare par la faute des pères qui survivent!

prit sur ses bras, comme sur un autel, et il l'offrit à Dieu. Il le conjura d'être son père. Et associant tous les Troyens, ses compagnons d'armes, à cette suprême et divine paternité. Qu'un jour, dit-il, ils le voient revenir des batailles, et qu'ils s'écrient en l'admirant : Il est encore plus vaillant que son père!

Ah! quand nos héros détachaient du foyer et posaient sur leur épaule, cette méchante arme, ce vieux fusil, héritage glorieux des victoires d'un autre âge, quand ils donnaient le baiser d'adieu à leurs fils au berceau, est-ce qu'une prière meilleure que celle du grand Troyen ne montait pas de leur âme? Est-ce qu'ils ne confiaient pas à un Père céleste, mieux connu, ceux qu'allaient bientôt rendre orphelins leur héroïsme et leur malheur? Est-ce qu'ils ne les ont pas légués, en même temps, à vos tendresses? Est-ce qu'ils ne vous associaient pas tous, à cette heure, à l'adoption et à la tendresse de Dieu?

Et puis, ils partaient, ces vaillants hommes, ils allaient à travers les bois, à travers les plaines, à travers les marais, dans la neige, dans le froid, dans la faim...

Un jour la balle de l'ennemi venait frapper leur mâle poitrine. A cet instant, quelle était leur pensée? Où volait le dernier essor de ce cœur, dont les généreux battements allaient si vite cesser? Ah! il était un nom qui coulait sur leurs lèvres mourantes, qui passait avec le sang de leurs blessures. C'était le nom de leur fils!

Il est raconté dans l'histoire de la Suisse, aux annales des premières guerres de l'indépendance, que les montagnards helvètes ne pouvaient entamer les chevaliers autrichiens. Ceux-ci avaient mis pied à terre et, plaçant leurs lances sur les épaules les uns des autres, ils en avaient fait une muraille de fer contre laquelle toute la valeur suisse venait se briser. Un citoyen d'Unterwald, Arnold de Winkelried, voyant que l'échec des siens continuait, ne craignant rien tant que la honte de son pays, se retourna vers ses compagnons: *Je vous recommande ma femme et mes enfants*, s'écria-t-il, *je vais vous faire un chemin, suivez-moi*.

Et, s'approchant de la phalange ennemie, il embrassa autant de piques qu'il en put saisir et les serra sur sa poitrine. Le chemin était ouvert; les Suisses y entrèrent : l'Autrichien fut en déroute.

Ce que disait le héros d'Unterwald, tous ces pères l'ont dit à l'heure glorieuse de leur mort. Quand la balle prussienne vint les frapper, ils nous ont dit à tous : *Je vous recommande ma femme et mes enfants*.

Vous n'oublierez pas cette recommandation. Vous ne serez pas sourds à ce vœu suprême et sacré. Vous ne mépriserez pas le sang des héros, le sang des pères!

Vous secourrez donc ces enfants à cause de leurs pères. Mais vous les aimerez, vous les secourrez aussi, à cause de la France.

II

Ici, permettez-moi de jeter un regard sur l'avenir; j'y suis obligé. Quel sera cet avenir? Sera-ce la paix? Sera-ce la guerre?

Si je consultais mes désirs, la réponse ne serait pas douteuse. Je suis de l'armée des pacifiques.

Il y avait chez les premiers compagnons de saint François d'Assise un frère qu'on appelait le frère Pacifique. Nous sommes tous comme ce frère, nous autres moines : nous sommes des frères pacifiques.

Cependant ces désirs appelleraient-ils une paix indéfinie? Demanderaient-ils pour un présent douloureux le sceau plus douloureux d'un immuable avenir? Non. Dans mon cœur comme dans tous les vôtres, il reste un sentiment blessé qui ne prend pas si facilement son parti de nos humiliations. Non, en face des outrages infligés à la France, je ne serai jamais capable d'une stoïque résignation. Mais je laisse les désirs. Qu'importe, d'ailleurs, à la chose publique, le désir d'un moine?

Je laisse donc les désirs et je passe aux prévisions. Quel sera l'avenir? Assurément je ne veux pas me poser en interprète de pensées que j'ignore. Je sais que tout secret est vénérable, que tout secret est sacré. Mais, si les secrets ordinaires ont ce caractère, que dire du secret de ceux qui gouvernent? C'est pourquoi le sage a écrit : Il est bon de cacher le secret du prince : *Sacramentum regis abscondere bonum est.*

Je ne veux pas davantage usurper la prophétie, soulever des voiles trop pesants pour ma main, accroître le nombre inepte de ces voyants qui n'ont rien vu et qui prennent les délires de leur cœur pour les révélations du ciel.

Donc, je m'en tiens aux prévisions et je prends seul la responsabilité des miennes.

A un instant donné, instant qu'il faut souhaiter d'autant plus éloigné qu'il est plus inévitable, à un moment, dont la Providence possède seule le secret, les deux lutteurs se redresseront l'un contre l'autre et se prendront de nouveau corps à corps.

Que faudra-t-il alors à la patrie?

Ce qu'il lui faudra? Il lui faudra des hommes. C'est manifeste. Il les lui faudra nombreux. Il les lui faudra courageux.

Nombreux! le seront-ils? Je sais qu'elle ne manque pas encore de défenseurs. Mais sont-ils, mais seront-ils assez nombreux?

Je n'ai jamais revu le mot d'un Romain dans des circonstances semblables, sans l'appliquer, malgré moi, à l'état présent de mon pays.

Audiet pugnas vitio parentum rara juventus.

La jeunesse était rare, disait Horace, en ces temps mauvais, à cause des carnages des guerres. Ainsi en sera-il chez nous. Il y aura une certaine rareté de jeunesse, *vitio parentum*, faute de pères, fautes des pères qui sont morts ; mort dans la plénitude de leur virilité, lorsqu'ils pouvaient donner encore à la patrie de nombreux enfants.

Mais la cause de cette rareté ne sera pas seulement le défaut des pères qui sont morts. Ah ! permettez-moi de donner une autre traduction au texte profond du poète :

Vitio parentum, rara juventus : rare par la faute des pères qui survivent!

Assurément, ce n'est pas l'heure d'adresser les amers reproches. Mais, en face des ruines de mon pays, de ruines qui me désolent, dont je porte, autant que personne, le poids et la douleur, je ne puis pas m'empêcher de signaler le mal, le mal que Dieu a frappé. Ah! Dieu n'attend que nos repentirs, pour nous donner toutes ses bénédictions. Mais il lui faut le repentir, le prompt repentir, l'effectif repentir! Il faut expier et réparer le crime. *Vitio parentum, rara juventus!* Il faut, dans l'esprit de ce repentir, conserver et élever ces enfants, les conserver pour le grand jour.

Mais il faut encore à la patrie des hommes courageux.

Or, qui aura plus de courage que les fils de nos héros? Ils ont déjà leur sang : ils auront leur héroïsme. Ils entendront dire leurs exploits. *Audiet pugnas!* Ah! quand ils seront capables de le comprendre, ils entendront raconter ces batailles! On leur dira que leur père est allé sans calcul, sans hésitation, et presque sans espoir, contre un ennemi vingt fois supérieur, que là il a trouvé la mort en défendant héroïquement son pays, que cet héroïsme et ce malheur n'ont pas obtenu le respect qu'ils méritaient, le respect qu'ont accordé autrefois à l'héroïsme et au malheur de la France les Anglais eux-mêmes dans les champs de Poitiers. Il est vrai que leur prisonnier vénéré, que ce Jean le Bon ou le Vaillant, le mieux méritant de la journée, était d'un sang qui n'a jamais craint de couler pour la France, non plus à Poitiers qu'à Bouvines et à Taillebourg, non plus qu'à Marignan qu'à Arques et à Ivry, à Jemmapes et à Valmy, et dans ces combats saintement obscurs dont on se disait, naguère, à l'oreille, le noble mystère.

Oui, ils entendront dire que l'héroïsme et le malheur de leur père n'ont pas obtenu le respect d'un ennemi inhumain. Que, pour prix de leur mort, de ce sang paternel généreusement versé, on a incendié leur toit, non pas dans le délire de la victoire (cela s'était vu), mais froidement, mais savamment, mais chimiquement, mais avec ordre, avec tactique, avec discipline! Ils l'apprendront, ces enfants! La postérité l'apprendra aussi, et elle en restera dans la stupeur. Mais ces enfants le sauront avant elle. — Savez-vous ce qui s'éveillera de courage dans ces âmes quand on leur apprendra ces choses?

Ils apprendront donc ces combats. *Audiet pugnas!*

Et puis ils apprendront d'autres combats meilleurs, les combats que vous livrez maintenant. Car la France a été vaincue par le malheur, dans sa fortune et dans sa gloire. Mais vous commencez à prendre, contre le malheur, cette supériorité première, cette admirable revanche de la charité. — Oui, vous avez déjà vaincu le malheur. — Ils apprendront ces nobles combats! Ils apprendront qu'un héros qui s'était fait le compagnon de leurs pères, a été préservé pour se constituer le père des orphelins et pour associer à ses bienfaits la noble épouse qui partage ses destinées.

Ils apprendront que vous-mêmes vous vous êtes associés tous à cette paternité et à cette maternité glorieuses. — Ils apprendront ces choses et ils aimeront la France, non plus à cause de la haine et des crimes de ses ennemis, mais à cause de l'amour et des bienfaits des Français.

Il faut donc les secourir à cause de la France.

Il le faut enfin à cause de Dieu.

III

Nous sommes, M. F., au siècle des grands exils. — Cependant notre manie d'ostracisme, notre fureur, pour mieux dire, n'avait jamais porté ses attentats si haut que dans les années sinistres dont nous achevons le cours.

On n'avait jamais pensé à bannir Dieu; on a eu cette pensée tout récemment.

Vous savez ce qui est arrivé. — Ce même jour tous les amours s'enfuirent avec Dieu.

La raison en est bien simple; c'est que Dieu est amour. — Quand on le bannit, on bannit l'amour.

Je n'ai pas à entrer dans de longs détails.

L'amour de la famille?... Mais ne voyez-vous pas comme on l'avait chassé, lui substituant je ne sais quelle promiscuité immonde dont on ose à peine parler. Le sauvage, dans sa forêt, a sa femme et ses enfants : le barbare de la civilisation n'en a plus voulu.

L'amour de la patrie?... Mais vous avez vu ce qu'on voulait faire de la patrie. — L'effacer des choses de ce monde pour se réfugier dans je ne sais quel chaos international qui commence, Dieu merci, à provoquer le dégoût du bon sens public. Mais c'est bien tard! c'est bien tard, puisqu'il y a, sous vos yeux, les ruines que vous voyez.

Je ne parle pas de la vertu, de l'honneur, de la conscience et de tous les amours élevés qu'ils suscitent : si Dieu n'avait eu pitié de nous, un temps serait venu où les compositeurs académiques de quelque nouveau dictionnaire auraient effacé ces noms de notre langue comme inutiles, comme n'exprimant plus rien et n'ayant plus de raison d'être.

Voilà comment tous les amours s'enfuyaient quand on voulait bannir Dieu.

Heureusement ce bannissement n'a eu qu'un commencement d'exécution. — Vous avez protesté, vous avez arrêté Dieu au passage. Vous lui avez dit : Restez avec nous! Ah! continuez de le lui dire.

Si Dieu s'en va avec les amours, il est tout simple que, quand il rentre, c'est aussi avec eux et par eux. Lorsqu'il entra dans le monde au temps de la Rédemption et de la première conversion des peuples, ce fut par l'amour. Vous le savez, c'est ce qui frappait le plus les païens. Ce qui les détachait irrésistiblement des autels idolâtriques, c'était cette réflexion : Voyez comme ils s'aiment!

Dieu a des voies toutes simples. Il n'en a qu'une, pour mieux dire, tant il y a d'ampleur et de fécondité dans son action. Cette voie, c'est la voie de l'amour ; c'est donc par l'amour qu'il rentrera. — L'amour le fera revenir, rentrer plus profondément, puisqu'il n'a pas été complètement banni. Mais il l'a été de bien des âmes! il l'a été de bien des foyers. — Voulez-vous qu'il rentre là, qu'il aille au plus profond des âmes, des familles et de la patrie? Ah! ne ménagez pas l'amour! N'en épargnez pas les œuvres. N'épargnez pas cet or qui est le sacrement de l'amour.

Chose étrange, cet or coupable, cet or criminel, cet or qui a fait tant de mal, cet or qui achète les consciences, les honneurs, les pudeurs, — cet or si corrupteur que Dieu, s'indignant, lui a dit un jour : Tu vas quitter cette France que tu as gâtée! Tu t'en iras par là, bien loin, au-delà du fleuve! Vous savez comment la sentence s'exécute.

Eh bien! cet or, il est le sacrement de Dieu. Quand votre cœur, quand votre amour de chrétiens l'emploie, Dieu se place, en quelque sorte, sur lui. Votre or porte Dieu. C'est un sacrement qui confère Dieu. Voulez-vous conférer Dieu?

Ah! je vous en conjure, conférez Dieu le plus que vous pourrez. — Ah! prêtres et prêtresses de la charité qui m'écoutez, administrez ce sacrement, administrez Dieu à notre chère patrie!

Oui, nobles âmes qui consentez si humblement et si chrétiennement à étendre la main pour recueillir des aumônes, si largement surpassées par les vôtres, savez-vous bien ce que vous faites?

Vous prenez Dieu par la main, vous mettez votre main dans la main de Dieu, comme on la met dans la main d'un exilé pour lui faire franchir le seuil de son toit et le faire asseoir de nouveau à son foyer antique. Ah! c'est le désir de Dieu. C'est son vœu le plus cher! Dieu, c'est le vieil ami de la France! Ah! quelle douleur, quand on voulut le condamner à nous quitter. Nous lui sommes si chers! — Oui, nous lui sommes toujours chers. Si nous ne le sommes pas à cause de nous-mêmes qui l'avons tant offensé, nous le sommes à cause de nos pères! *Charissimi propter patres.*

Chers, à cause de saint Louis, chers, à cause de Charlemagne;

Chers, à cause des Robert le Pieux et des Robert le Fort;

Chers, à cause de tous nos grands croisés, de Godefroy de Bouillon et de Baudoin de Flandre, de Pierre l'Hermite et de saint Bernard;

Chers, à cause de tous nos grands chevaliers, de Duguesclin, de Clisson, de Bayard;

Chers, à cause de tous nos grands évêques, des Hilaire, des Martin, des Aignan, des Éloi, des Théodulphe, de tous ceux qui ont fondé la France, qui l'ont faite comme des abeilles font une ruche.

Chers surtout, à cause de ces Pères illustres entre tous, à cause des Zacharie, des Etienne, des Léon, qui payaient en riches bénédictions les bienfaits antiques de nos rois;

Chers, à cause de tous ceux que nous avons accueillis dans leur exil. Quand la turbulence de leurs sujets les forçait de quitter Rome, ils montaient sur un vaisseau, ils abordaient aux rives de France.

C'était notre privilége, à nous, de recevoir ces illustres bannis. Chers enfin, à cause du dernier de ces Pères, à cause du grand Pie IX.

— Ah! ne l'oubliez pas, il ne nous impute pas ses détresses. Il voit, au contraire, dans cette communauté de malheur entre lui-même et la grande nation, il voit une marque nouvelle de cette solidarité de fortune qui a toujours uni l'Eglise et la France. Il voit et il prie. Il voit que la même heure de la résurrection sonnera pour l'un et pour l'autre. Il attend avec impatience nos victoires parce qu'il sait bien que ce sera l'ère de son triomphe!

Oui, l'astre de l'Eglise et l'astre de la France sont deux astres jumeaux. Quand l'un rencontre un nuage, l'autre est voilé des mêmes ombres.

Mais quand le nuage se déchire, c'est pour montrer les rayons fraternels des deux astres amis.

Oui, sans doute, à un moment prochain, le voile se déchirera, le nuage se dissipera et la nouvelle splendeur sera si vive dans ces deux astres rajeunis qu'on croira à une nouvelle naissance, et les nations, dans l'enthousiasme, se mettront à marcher de nouveau aux splendeurs de cette double lumière. *Ambulabunt gentes in lumine ortus tui!*

www.ingramcontent.com/pod-product-compliance
Lightning Source LLC
Chambersburg PA
CBHW071447060426
42450CB00009BA/2319